U0560186

武当实战掌法

袁玉斌 著

北京体育大学出版社

责任编辑：王泓滢

责任校对：陈　颖

版式设计：高文函

图书在版编目（CIP）数据

武当实战掌法 / 袁玉斌著 . -- 北京 : 北京体育大
学出版社，2025.4. -- ISBN 978-7-5644-4252-1

I. G852.19

中国国家版本馆 CIP 数据核字第 2024FJ9495 号

武当实战掌法
WUDANG SHIZHAN ZHANGFA

袁玉斌　著

出版发行：北京体育大学出版社
地　　址：北京市海淀区农大南路 1 号院 2 号楼 2 层办公 B-212
邮　　编：100084
网　　址：http://cbs.bsu.edu.cn
发 行 部：010-62989320
邮 购 部：北京体育大学出版社读者服务部 010-62989432
印　　刷：河北盛世彩捷印刷有限公司
开　　本：710mm×1000mm　　　1/16
成品尺寸：170mm×240mm
印　　张：14.75
字　　数：180 千字
版　　次：2025 年 4 月第 1 版
印　　次：2025 年 4 月第 1 次印刷
定　　价：45.00 元

（本书如有印刷质量问题，请与出版社联系调换）

版权所有·侵权必究

作者简介

　　袁玉斌，男，汉族，1981年2月生，河南开封人，中共党员；2004年本科毕业于北京体育大学，2009年取得体育教育训练学硕士学位；现为河南大学体育学院副教授，河南大学体育学院体育与健康研究所成员；近年来在国内期刊发表论文10余篇，参与省级课题6项，出版著作4部。

　　武当蛇拳，又称"蛇形拳"或"蛇门拳"。其借鉴蛇动之快、蛇攻之毒、蛇变之灵，是一门独特实用的内家象形绝技。有歌诀曰：一拳三形敌胆寒，毒蛇吐涎沾上完。惊蛇冷动难防范，灵蛇无骨柔如绵。

　　通臂掌的根本大法共有八种，常被称为"母八掌"，其多种招法都由此变化而来。歌曰：插掌放长击远，撩掌向前上穿。甩掌手背发电，扇掌向里抽鞭。劈掌大力下砍，削掌贴身横斩。拍掌向下震颤，推掌跌敌至远。

　　太和掌，即太和散手掌，又叫"玄武散手掌"，是民间秘传的一套实战掌法。有歌曰：太和掌法劲混元，快如流星箭离弦。降龙伏虎势法妙，招到敌伤应手翻。其技击特色：偏重掌法，招法简洁；见机制敌，快打快收；攻击要害，作用直接；三盘兼顾，犀利难防。

　　绵掌，也叫"绵劲掌"。有歌曰：绵掌有法法自然，绵劲真功勤修炼。倘有巨力来打我，避重就轻把身偏。手拦步转去卸化，一触即发打连环。沾衣发劲谁能测，弹抖突发如放电。穿肌透肤伤五脏，绵里裹铁玄中玄。

　　游龙掌，来自武当游龙门。其实战要诀曰：以掌为法，以走为变。击上打下，步转腰旋。以柔克刚，化发抖弹。游身换影，忽近忽远。奇正相生，忽隐忽现。动如龙游，连绵不断。

　　阴阳掌是惯称，又名"乾坤掌"。有歌曰：武当乾坤有铁掌，掌要坚来劲要刚。阳中有阴阴有阳，上打咽喉下打裆。吞吐浮沉敌莫测，克敌制胜胜当场。

目　录

第一章　武当实战蛇形掌（十八掌）

第二章　武当实战通臂掌（十八掌）

第三章　武当实战太和掌（二十四掌）

第四章　武当实战绵掌（二十四掌）

第五章　武当实战游龙掌（二十四掌）

第六章　武当实战阴阳掌（四十掌）

第一章
武当实战
蛇形掌
（十八掌）

武当蛇拳，又称"蛇形拳"或"蛇门拳"。其借鉴蛇动之快、蛇攻之毒、蛇变之灵，是一门独特实用的内家象形绝技。

有歌诀曰：一拳三形敌胆寒，毒蛇吐涎沾上完。惊蛇冷动难防范，灵蛇无骨柔如绵。

武当蛇拳有自己的特殊手形，而相异于其他拳种，其手形模仿蛇态，乃是蛇拳的重要特征。蛇拳有六大特殊手形：蛇嘴拳、蛇头拳；蛇信掌、蛇头掌；蛇信指、蛇头指。

蛇信掌：五指伸直并拢，指尖向前，手腕挺平，掌指与掌背成直线。此掌实战时不但强劲有力，可以放长击远，而且劲法多变，除直劲穿插外，还可劈、削、切、扫、压、拍。蛇信掌与武术常见的柳叶掌相似，柳叶掌一般拇指要弯曲，扣在虎口下；而蛇信掌拇指既可以弯曲，也可以伸直，贴靠在食指根部，五指并拢。

蛇头掌：也叫"勾腕掌"，五指并拢，手心屈空，掌背鼓起，腕节里勾，掌指与掌背成一定角度。此掌实战时多用于攻击敌方眼睛、咽喉，穿刺点插，易发易收，速度较快，近身突击，短促杀伤。除直接击打外，还可以叼拿敌方腕臂和盖压敌方来手。

本章专讲蛇形掌法，其他暂不多述。下面即精选武当实战蛇形掌，共十八掌，试行举例，献于同道。

白蛇出洞

【实战举例】

1. 敌方左脚上步，左拳冲击我方胸部。我方撤步闪过，沉桩蹲身，左掌（此为蛇头掌）上摇，左腕向左拦格敌方左臂，化解敌方拳击。（图1-1）

2. 随即，我方左脚前移，左腕贴住敌方左臂顺势向前推拨，右掌向下插击敌方左侧软肋。（图1-2）

图1-1

图1-2

3. 动作不停，我方右脚上步，右腿后拦敌方左腿，右掌向前上穿，右前臂用力拦压敌方咽喉，致其翻倒。（图1-3）

图1-3

白蛇转身

【实战举例】

1. 敌方右脚上步，左拳冲击我方头部。我方潜身避过，两腿跪步，右掌（此为蛇信掌）向右插击敌方裆部。（图1-4）

2. 动作不停，我方身向右转，两脚摆扣，两腿上起，左掌向上插击敌方咽喉，将其制伏。（图1-5）

☆图1-4

☆图1-5

灵蛇寻路

【实战举例】

1. 敌方右脚上步，右拳冲击我方脸部。我方潜身避过，两腿跪步，右掌向前插击敌方裆部。（图1-6）

2. 随即，我方右掌收回，左掌紧跟而出，向下插击敌方裆部。（图1-7）

☆ 图1-6

☆ 图1-7

3. 动作不停，我方左脚稍向前移，两腿上起，右掌向上插击敌方咽喉，将其制伏。（图1-8）

⚠ 图1-8

巨蟒巡山

【实战举例】

1. 敌方左脚上步，左拳冲击我方胸部。我方偏身闪过，夹步沉桩，左掌上摇，用左腕向左拦格敌方左臂。（图1-9）

2. 随即，我方向左转身，右脚上步，左手抓住敌方左腕向左牵带，右掌向上插击敌方后颈。（图1-10）

3. 动作不停，我方右脚上步，左脚插步，向左大幅转身约一周，右掌随之转动发劲，插击敌方后背要穴。（图1-11）

☆ 图1-9

☆ 图1-10

☆ 图1-11

盘蛇吐信

【实战举例】

1. 敌方右脚上步，右手来锁我方咽喉。我方并不招架，赶紧向右转体约半周，两腿歇步下蹲，闪过敌招之际，右掌乘机插击敌方裆部。（图1-12）

2. 随即，我方顺势向左转身约半周，两腿上起，左掌划弧向上插击敌方咽喉。（图1-13）

◆ 图1-12

◆ 图1-13

3. 动作不停，我方右掌紧跟而出，向下插击敌方心窝，将其制伏。（图1-14）

⬆ 图1-14

六

青蛇吐珠

【实战举例】

1. 敌方右脚上步，右拳下冲我方腹部。我方吞身避过，左臂屈肘拦挡敌方右臂。（图1-15）

2. 随即，我方右脚垫步，左脚上步，右掌向前上托敌方下颌。敌方急忙仰脸闪躲。（图1-16）

3. 动作不停，我方右掌顺势前伸，以食指、中指（二龙指，二指分开）分别按住敌方两眼用力插击。注意，此招伤人眼睛，不可轻用！（图1-17）

✿ 图1-15

✿ 图1-16

✿ 图1-17

银蛇响尾

【实战举例】

1. 敌方右脚上步，右拳冲击我方脸部。我方稍向左闪，右掌上摇，用右腕向右拦格敌方右臂，化解敌方拳击。（图1-18）

2. 随即，我方右手压住敌方右臂向下震开，左掌向上插击敌方咽喉。（图1-19）

❯ 图1-18

❯ 图1-19

3. 动作不停，我方向右转体约一周的同时，右掌随之向右后甩，掌背猛然发劲，挥击敌方右耳。（图1-20）

⚜ 图1-20

青蛇摇头

【实战举例】

1. 敌方进身，右脚弹踢我方裆部。我方吞身后坐，左掌向下拦压敌方右小腿，迟滞敌方进攻。（图1-21）

2. 敌方右脚落步，左拳冲击我方脸部。我方右脚撤步，左掌上摇，以左臂格架敌方左臂。（图1-22）

3. 乘机反攻，我方两脚前滑，左臂前推的同时，右掌向上斜插敌方左耳（或太阳穴）。（图1-23）

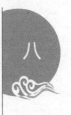

图1-21

图1-22

图1-23

白蛇吐信

【实战举例】

九

1. 敌方进身，左脚弹踢我方裆部。我方撤步闪过，沉身后坐，右掌下伸，向右格击敌方左小腿。（图1-24）

2. 动作不停，我方两脚前滑，身体上起，右掌划弧向上撩击敌方喉结。敌方急忙后收避过。（图1-25）

◈ 图1-24

◈ 图1-25

3. 跟踪追击，我方右掌原位发力，左旋下插，击其喉下（天突穴）。（图1-26）

☆ 图1-26

青蛇过涧

【实战举例】

1. 敌方右脚上步，右拳崩击我方脸部。我方沉身后坐，两掌交叉成十字手，向前上方托架敌方右腕。（图1-27）

2. 随即，我方左脚前滑，右掌外旋，扣抓敌方右腕，左掌顺势向下插击敌方右腋下部，致其剧痛。（图1-28）

3. 动作不停，我方两脚前滑至敌方外门，左臂顺势扬起，撑开敌方右臂，右掌向前斜劈敌方左颈。（图1-29）

图1-27

图1-28

图1-29

十一

白蛇戏蟾

【实战举例】

1. 敌方右脚上步，右拳崩击我方胸部。我方身向右转，重心右移，左掌拦格敌方右腕，阻截敌方拳击。（图1-30）

2. 随即，我方身向左转，右脚左扣，左脚上步，左腿后绊敌方右腿，左掌向右拨开敌方右臂，右掌向下撩击敌方裆部。（图1-31）

❖ 图1-30

❖ 图1-31

3. 动作不停，我方左掌贴住敌方右臂向下拦压之际，顺势插击敌方裆部。（图1-32）

❯ 图1-32

金蛇钻穴

十二

【实战举例】

1. 敌方右脚上步，右拳冲击我方脸部。我方见敌方来势凶猛，两脚向左闪步，沉身跪步，避过敌方攻击。（图1-33）

2. 随即，我方左脚绕步，右脚跟步至敌方右后方，左掌乘机从后撩击敌方裆部。（图1-34）

3. 动作不停，我方左掌上提，按住敌方后腰（既可防敌逃脱，又可助力），右掌向下再度撩击敌方裆部。（图1-35）

图1-33

图1-34

图1-35

灵蛇戏鹰

【实战举例】

1. 敌方右脚上步，左拳冲击我方咽喉。我方撤步蹲身，左掌上摇，向左拦格敌方左臂，化解敌方拳击。（图1-36）

2. 随即，我方身稍左转，两腿弓步，左臂向左拦压敌方左臂，右掌向前斜劈敌方左颈。（图1-37）

图1-36

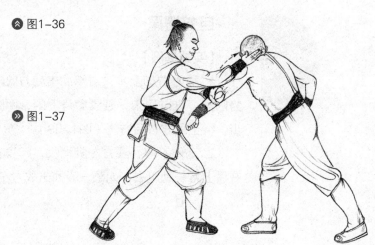

图1-37

3. 动作不停，我方左掌转腕前绕，向右扇击敌方脸部，右掌相助，向左扇击。两掌合击，立能胜敌。此时可再接膝顶或腿踢，更易得手。（图1-38）

⋀ 图1-38

十四

巨蛇摆尾

【实战举例】

1. 敌方右脚上步，右拳冲击我方脸部。我方见敌方来势凶猛，难以招架，赶紧潜身下闪，两脚向左前方连环闪步，绕至敌方右后方。（图1-39）

2. 动作不停，我方左脚稍收，起身右转，右掌随之向右后上方长劲甩去，如鞭一般抽击敌方左耳。（图1-40）

❯ 图1-39

❯ 图1-40

青蛇追食

【实战举例】

1. 我方左脚上步，右掌向上撩击敌方眼睛。敌方左脚撤步，右掌向上拦切我方右腕，使我方掌击受阻。（图1-41）

2. 我方急忙用左掌扒压敌方右腕，右脚迅速上一步，右掌划弧继续前撩，再击敌方眼睛。（图1-42）

图1-41

图1-42

3. 动作不停，我方右脚稍进，左臂下砸敌方右臂，右掌旋腕以抖劲推震敌方下颌，将其击倒。（图1–43）

⚡ 图1–43

毒蛇追风

十六

【实战举例】

1. 敌方左脚上步，左拳冲击我方胸部。我方两脚不退，原位向右旋身闪过，左掌上提，向右勾压敌方左腕。（图1–44）

2. 动作不停，我方向左回转，两脚摆扣，右掌向前推挤敌方左前臂，左掌顺势向前甩击敌方鼻子。敌方急忙仰头躲避。（图1–45）

3. 我方乘敌方手忙脚乱之际，左臂下压敌方左臂，右掌向前横推敌方下颌（或左腮），抖击或震击，致其歪倒。（图1–46）

⊗ 图1-44

⊗ 图1-45

⊗ 图1-46

青蛇寻宝

十七

【实战举例】

1. 敌方右脚上步，右拳崩击我方脸部。我方两脚不退，原位向右旋身闪过，两掌上提，左前臂向右拦格敌方右臂，右掌拦其右拳。（图1-47）

2. 随即，我方重心左移，两腿弓步，左臂向右旋压敌方右臂之际，左掌顺势向下插击敌方肚脐。（图1-48）

图1-47

图1-48

3. 动作不停，我方左掌原位向上划弧发劲，猛然甩击敌方左腮（或耳部），将其制伏。（图1—49）

▲ 图1—49

冠蛇昂首

【实战举例】

1. 敌方左脚上步，左拳冲击我方胸部。我方身稍后撤，两膝内扣，避过敌方锋芒之际，左掌上摇向左拦格敌方左臂。（图1—50）

2. 随即，我方左脚上步至敌方裆下，右掌向前按压敌方左臂，左掌顺势向前推击敌方下颌。敌方慌忙仰头。（图1—51）

3. 动作不停，我方左掌见机快速勾腕，掌尖向下插击敌方咽喉（或天突穴）。（图1—52）

❮ 图1-50

❮ 图1-52

❮ 图1-51

第二章
武当实战
通臂掌
（十八掌）

　　"佑神通臂最为高"，通臂拳自古就是武当名拳，练法非常丰富，其技击术也独树一帜。本章即精选其掌法秘招，共十八掌。

　　通臂掌的根本大法共有八种，常被称为"母八掌"，其多种招法都由此变化而来。

　　歌曰：插掌放长击远，撩掌向前上穿。甩掌手背发电，扇掌向里抽鞭。劈掌大力下砍，削掌贴身横斩。拍掌向下震颤，推掌跌敌至远。

　　插掌：指尖发劲，攻击距离最长，主要向前穿插敌方眼睛、咽喉，掌心一般向下。

撩掌：指尖发劲，掌心稍斜向上，主要从下向上撩击敌方咽喉、裆部。

甩掌：掌背发劲，向前或横向击打，手腕弹抖，最为灵活，主要攻击敌方脸部、脖颈、裆部。

扇掌：掌面发劲，向里击打，有如鞭抽，主要攻击敌方腮部、耳部。

劈掌：掌刃发力，向下攻击，最为有力，主要攻击敌方脖颈、耳部、肘关节。

削掌：掌刃发力，横向发劲，短促杀伤，主要攻击敌方咽喉、肋部。

拍掌：掌面发劲，向下击打，沉重有力，主要拍打敌方头顶、肘关节。

推掌：掌根发劲，一般指尖向上，主要向前推震，冲撞敌方胸部、下颌，能致人跌远。

顺风扫叶

【实战举例】

1. 我方抢攻，左脚上步，左掌向前甩击（以掌背发劲，虎口向上）敌方脸部。敌方仰身躲避，右臂上提，向左拦截我方左臂。（图2-1）

2. 我方左脚稍向前移，左掌向左格挡敌方右臂，右掌向前甩击敌方心窝，将其制伏。（图2-2）

 图2-1

图2-2

云山雾罩

【实战举例】

1. 我方左脚上步，左掌向前甩击敌方脸部。敌方撤步避过，右掌上提，向左格击我方左臂。（图2-3）

2. 我方右脚垫步，左脚上步至敌方裆下，沉身下蹲，左掌不收，顺势下转，甩击敌方裆部，将其制伏。（图2-4）

❮ 图2-3

❮ 图2-4

丹凤朝阳

【实战举例】

1. 我方左脚上步，左掌向前甩击敌方腹部。敌方撤步收腹，右腕下压我方左腕，阻截我方掌击。（图2-5）

2. 我方左脚稍向前移，身向前探，右掌向前反背横甩（虎口向下）敌方左侧太阳穴（或耳部）。（图2-6）

⊗图2-5

⊗图2-6

四

青龙摆尾

【实战举例】

1. 我方左脚上步，左掌向前撩击（指尖发劲，掌心向上）敌方眼睛。敌方撤步闪过，右掌上提，向左拦格我方左臂。（图2-7）

2. 我方右脚上步，右腿后绊敌方右腿，右掌向前甩击敌方右侧软肋，致其后歪。（图2-8）

 图2-7

图2-8

白鹤舒颈

【实战举例】

1. 我方左脚上步，左掌向前甩击敌方腹部。敌方撤步吞身，右臂砸压我方左臂。（图2-9）

2. 我方两脚前滑，身体上起，左掌内转一收，随即绕弧向前甩击敌方脸部，伤其鼻子。（图2-10）

⊗ 图2-9

⊗ 图2-10

白猿敬酒

【实战举例】

1. 我方左脚上步，左掌向前插击（指尖发劲，掌心向下）敌方眼睛。敌方撤步缩身，右臂屈肘，上架我方左臂。（图2–11）

2. 我方右脚左扣，左脚前滑，左臂顺势下压敌方右臂，右掌乘机向前托击（掌根发劲，指尖向上）敌方下颌，致其脱臼，难以言语。（图2–12）

⊗ 图2–11

⊗ 图2–12

回马斩蛟

【实战举例】

1. 我方左脚上步，左掌向前插击敌方咽喉。敌方身向后仰，避过我方左掌。（图2-13）

2. 我方右脚插步，左掌借势绕弧向前削击（掌刃发劲，掌心向下）敌方左颈，将其击倒。（图2-14）

⊗ 图2-13

⊗ 图2-14

八

力劈华山

【实战举例】

1. 我方左脚上步，左掌向前劈击（掌刃发劲，掌心向里）敌方脸部。敌方撤步闪过，右臂屈肘，上架我方左臂。（图2-15）

2. 我方左掌用力后扒敌方右臂使其下落，右腿迅速蹬踢（脚跟发劲，脚尖向上）敌方裆部，右掌上提，准备连击。（图2-16）

☆ 图2-15

» 图2-16

3. 敌方两脚后退，企图逃脱。我方右脚向前落步，右掌顺势向前劈击敌方头顶，将其制伏。（图2-17）

图2-17

挥桨斩龙

【实战举例】

1. 我方右脚垫步，左脚向前侧踹（脚跟发劲，脚尖向里）敌方腹部。敌方收腹藏裆，吞身避过。（图2-18）

2. 我方左脚向前落步，左掌顺势劈击敌方左颈。敌方两脚急忙撤步，向右旋身，使我方左掌走空。（图2-19）

3. 我方右掌紧跟而出，向前斜劈敌方后颈，将其击倒。（图2-20）

九

图2-18

图2-19

图2-20

红霞贯日

【实战举例】

1. 我方见机进身，右脚猛然向前侧弹（脚尖发劲，脚底向外）敌方左腰。敌方步稍后移，收腹屈腰，左臂下伸，拦截我方右脚。（图2-21）

2. 我方右脚顺势落步，右掌乘机向前甩击敌方右腮（或耳部），将其制伏。（图2-22）

⊗ 图2-21

⊗ 图2-22

十一

雪花盖顶

【实战举例】

1. 我方见机进身，左脚猛然向前侧踹敌方右大腿，中则伤之，不中也能阻其上步。（图2-23）

2. 敌方见我方左脚踹踢，两脚急忙撤步。我方左脚落步，左掌顺势下拍（掌面发劲，指尖向前），震击敌方头顶。（图2-24）

❯ 图2-23

❯ 图2-24

3. 动作不停，我方左掌收回，右掌紧跟再出，仍以拍劲震击敌方头顶，将其击倒。（图2-25）

⊗ 图2-25

顽猴戏蝶

【实战举例】

1. 敌方右脚上步，两掌一齐向我方胸部扑推而来。我方左脚向左闪步，偏身避过。（图2-26）

2. 动作不停，我方右脚向前上步，右掌向前横推（掌根发劲，指尖向外）敌方裆部。此招必要时可乘机屈指抓裆，伤敌尤甚。（图2-27）

△ 图2-26

△ 图2-27

顺藤摸瓜

【实战举例】

1. 我方左脚上步，右掌向前甩击敌方头部。敌方撤步吞身，右掌上起，拦格我方右腕。（图2-28）

2. 我方两脚摆扣，身向右转，右手顺势抓住敌方右腕向右下拽，左臂夹压敌方右臂助劲，使敌方身歪步乱。（图2-29）

十三

❮ 图2-28

❮ 图2-29

3. 动作不停，我方上起左掌拍震敌方后脑，右手松开敌方右腕，向前横推敌方脸部，两掌夹击，致其难逃，将其擒制。（图2-30）

△ 图2-30

五鬼叩门

【实战举例】

1. 我方左脚上步，右掌向前甩击敌方脸部。敌方右臂屈肘，上架我方右腕。（图2-31）

2. 我方左臂用力向下砸压敌方右前臂，致其上门洞开，右臂屈肘上起，蓄势待发。（图2-32）

3. 动作不停，我方右脚垫步，左脚前滑，身向左转，右掌猛劲向前正推（掌根发劲，指尖向上）敌方心窝，致其后倒。（图2-33）

◈ 图2-31

◈ 图2-32

◈ 图2-33

十五

反摇铁扇

【实战举例】

1. 我方左脚上步，左掌扇击（掌面发力，指尖向前）敌方右肋。敌方撤步蹲身，右掌上提，向外拦格我方左腕。（图2-34）

2. 我方见被敌方拦截，随即身向右转，两脚摆扣，左掌向右下方沉劲拦压敌方右臂，使其右臂下落、右手下走。（图2-35）

❯ 图2-34

❯ 图2-35

3. 动作不停，我方向左回身，两脚摆扣，左掌顺着敌方右臂向上甩击敌方咽喉（或下颌）。（图2-36）

⊗ 图2-36

左右开弓

十六

【实战举例】

1. 我方抢攻，左脚上步，左掌向前甩击敌方心窝。敌方撤步闪过。（图2-37）

2. 我方右脚再进，右掌划弧向前扇击敌方左耳。（图2-38）

3. 动作不停，我方左脚垫步，右脚前滑，左掌扇击敌方脸部（或右耳）。左右开弓，连续扇掌，将其击败。（图2-39）

图2-37

图2-38

图2-39

一剑穿喉

【实战举例】

1. 我方左脚上步，左掌向前劈击敌方脸部。敌方身向后仰，右臂抬起，架住我方左掌。（图2-40）

2. 我方再出右掌，放长击远，直插敌方咽喉。（图2-41）

⚠ 图2-40

⚠ 图2-41

游蜥摆尾

【实战举例】

1. 我方左脚上步，左掌向前横削敌方咽喉。敌方不易招架，只得仰身躲避。（图2-42）

2. 我方右脚垫步，左脚上步，身向右转约半周，右掌随之向后下方反抽（掌指发劲，指尖向下）敌方裆部。（图2-43）

⚑ 图2-42

⚑ 图2-43

3. 动作不停，我方身向左转，两脚摆扣回正，左掌随之向左后方划弧，猛劲甩击敌方左颈（或耳部）。（图2-44）

☆图2-44

第三章
武当实战
太和掌
（二十四掌）

武当山，古称"太和山"，所以武当武术中有不少冠名"太和"的拳法与功夫。

本章掌法取自"太和散手掌"，撷其实战精要，共二十四掌。

太和掌，即太和散手掌，又叫"玄武散手掌"，是民间秘传的一套实战掌法，乃编者师承所学。

有歌曰：太和掌法劲混元，快如流星箭离弦。降龙伏虎势法妙，招到敌伤应手翻。

太和掌注重"混元劲"，要求内外和顺，意形和顺，气力和顺；三节和顺，腰马和顺，拳脚和顺。一旦有成，则周身混元，速度快捷，力道强劲；出手伤敌，应手翻人，堪称绝技。

太和掌技击特色：偏重掌法，招法简洁；见机制敌，快打快收；攻击要害，作用直接；三盘兼顾，犀利难防。

掌捞日月

【实战举例】

1. 敌方进身，右脚来踩我方左小腿。我方将左脚向左挪开，向下吞身，两掌上提，防护中盘。（图3-1）

2. 随即，我方左脚向前滑步，身向下沉成左仆步，左掌向下勾拨敌方右脚踝。（图3-2）

☆图3-1

☆图3-2

3. 接着，我方重心前移，身向前倾，两腿跪步，左掌顺势转腕，向上推击敌方裆部。（图3-3）

4. 动作不停，我方右脚上步，右掌猛劲推击敌方颈部（或胸部），致其后倒。（图3-4）

◈ 图3-3

◈ 图3-4

金枪刺虎

【实战举例】

1. 敌方左脚跨步，左拳栽击我方腹部。我方收步缩身成左丁步，右掌下插，前臂里裹，格挡敌方左腕。（图3-5）

2. 随即，我方左脚落实，右脚上步，右掌顺势上提转腕，向前推击敌方下颌。敌方左步稍退，仰身避过。（图3-6）

⊼ 图3-5

⊼ 图3-6

3. 动作不停，我方左脚抢上一步，再出左掌向上推击敌方心窝，将其制伏。（图3-7）

☆ 图3-7

大蟒翻身

【实战举例】

1. 敌方右脚跨步，左拳冲击我方胸部。我方身向左转，以右前臂格挡敌方左腕向左滚化，使敌拳落空。（图3-8）

2. 随即，我方身体继续左转，左脚向后插步，沉身坐马，左掌随之反推（掌根发劲，指尖向下）敌方裆部。（图3-9）

3. 动作不停，我方左掌顺势上翻，掌背发劲，甩击敌方左颈。（图3-10）

⊗ 图3-8

⊗ 图3-9

⊗ 图3-10

猛虎扑食

【实战举例】

1. 我方左脚上步，两掌一齐向前撩击敌方咽喉。敌方仰身避过，两臂屈肘上提，两掌背相对，两掌尖向下，封闭上门。（图3-11）

2. 我方两脚前滑，两掌下落蓄劲，随即转腕前推，抖劲震击敌方胸部，将其击倒。（图3-12）

☆ 图3-11

☆ 图3-12

青龙探爪

【实战举例】

1. 敌方进身，以右腿横扫我方左肋。我方稍撤步，左腿屈膝提起，向左拦截敌方右腿。（图3-13）

2. 随即，我方左脚向前落步，右脚跟步，沉身坐胯，左掌推击敌方下腹。敌方急忙偏身。（图3-14）

⚠ 图3-13

⚠ 图3-14

3. 我方左脚前移，两腿弓步，右掌向上推击敌方上腹，致其后倒。（图3-15）

⌃图3-15

螳螂斩颈

六

【实战举例】

1. 敌方右脚上步，右拳崩击我方脸部。我方稍撤步，左掌上提，向左拦格敌方右臂。（图3-16）

2. 随即，我方左掌外拨敌方右臂之际，左脚抢上一步，右掌前伸，斜劈敌方左颈。（图3-17）

3. 动作不停，我方身向右转，右掌顺势后摆，左掌紧跟而出，再劈敌方右颈，将其制伏。（图3-18）

☆ 图3-16

☆ 图3-17

☆ 图3-18

七

青龙摆尾

【实战举例】

1. 敌方左脚上步，右拳崩击我方胸部。我方向右旋身，左脚向右盖步，左臂屈肘，横拦敌方右拳。（图3-19）

2. 动作不停，我方身体继续右转，翻身半周，右掌划弧向敌方头部右后方削去，横劲扫击，伤其右耳。（图3-20）

☆ 图3-19

☆ 图3-20

野马抖鬃

【实战举例】

1. 敌方左脚上步，左拳崩击我方心窝。我方左脚后撤，扭步沉身，右掌上拦，阻截敌方左腕。（图3-21）

2. 随即，我方左脚上步，左掌前伸，下按敌方左臂，右掌顺势向前扇击敌方左腮。（图3-22）

⊗ 图3-21

⊗ 图3-22

3. 动作不停，我方两脚前滑，右掌顺势后提，左掌乘机前抖，甩击敌方裆部，将其制伏。（图3-23）

⚠ 图3-23

金鸡报晓

【实战举例】

1. 敌方进身，左脚弹踢我方腹部。我方右脚左跨一步，避过敌方来踢，右掌下劈敌方左脚腕部，防中带攻。（图3-24）

2. 敌方左步下落，左拳冲击我方脸部。我方右脚稍收半步，右掌上提，向右拦挡敌方左臂，阻截敌方拳击。（图3-25）

3. 动作不停，我方两脚上步，右掌顺势向前砍击敌方脖颈（或左耳），将其制伏。（图3-26）

图3-24

图3-25

图3-26

龟蛇争艳

【实战举例】

1. 敌方左脚上步，右拳冲击我方脸部。我方撤步吞身，左掌用力向右拦推敌方右臂。（图3-27）

2. 敌方又出左拳，崩击我方脸部。我方向左旋身，左脚外摆，右脚上步，右掌向左拦切击敌方左肘，化解敌方拳劲。（图3-28）

❯ 图3-27

❯ 图3-28

3. 动作不停，我方左掌顺势上提成勾手，右掌向下削击，伤敌左侧软肋，连削带打，防不胜防。（图3-29）

▲ 图3-29

玄龟探路

【实战举例】

1. 敌方左脚上步，左拳冲击我方心窝。我方两脚撤步，沉身后坐，左掌向右拦切敌方左腕，阻截敌方拳击。（图3-30）

2. 随即，我方左脚上步，左掌旋腕向下反推敌方裆部。敌方撤步吞身。（图3-31）

3. 我方下出右脚向左勾挂敌方左腿，上出右掌向右反扇敌方脸部，上下合力，致其歪倒。（图3-32）

» 图3-30

《 图3-31

» 图3-32

玄武抖鳞

【**实战举例**】

1. 我方右脚上步，左掌甩击敌方心窝。敌方向左闪身，右掌拦切我方左腕。（图3-33）

2. 我方右脚前移，向前探身，右掌向上撩击敌方咽喉。敌方急忙仰身躲避。（图3-34）

⊘ 图3-33

⊘ 图3-34

3. 我方两脚前滑，右掌顺势收回，左掌向上撩击敌方咽喉，将其制伏。（图3-35）

⊗ 图3-35

十三

丹凤朝阳

【实战举例】

1. 敌方左脚上步，右拳横扫我方头部。我方见敌势猛，不宜招架，蹲身下坐，避过敌方拳击。（图3-36）

2. 随即，我方右脚前跨一步至敌方裆下，身体上起，右掌迅速向上反甩敌方头部左侧。（图3-37）

3. 动作不停，我方右掌顺势收回，左掌向右横扇敌方右腮，猛劲一到，致其歪倒。（图3-38）

⊗ 图3-36

⊗ 图3-37

⊗ 图3-38

○ 77 ○

玄武拍浪

【实战举例】

1. 我方右脚跨步，右掌向前甩击敌方心窝。敌方撤步吞身，左掌拦切我方右腕，阻挡我方掌击。（图3-39）

2. 我方左脚前跨，左掌向前甩击敌方脸部。敌方左脚撤步，右臂屈肘，拦挡我方左腕。（图3-40）

⊗ 图3-39

⊗ 图3-40

3. 我方两脚前滑，左掌顺势前伸，绕过敌方脑后抓搂其左耳，右掌跟进猛推敌方右腮，两掌夹击，打中有擒。（图3-41）

⚑ 图3-41

龟蛇布阵

【实战举例】

1. 敌方进身，右脚扫踢我方左腿。我方身向右转，重心右移，伸直左臂向左下方拦挡敌方右小腿。（图3-42）

2. 随即，我方左手顺势向左拨开敌方右腿，身向左转，两脚上步，右掌乘机向前推击敌方裆部。（图3-43）

3. 动作不停，我方右脚再跨一步，左掌转腕，向前猛推敌方心窝，将其击倒。（图3-44）

十五

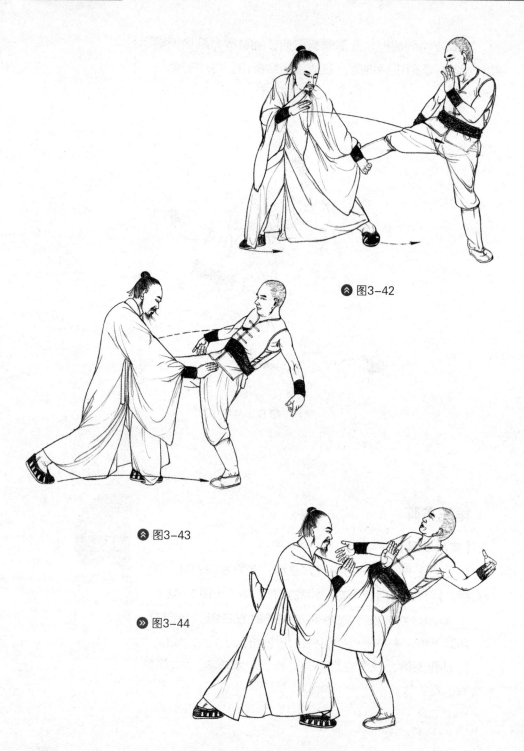

❯❯ 图3-42

❯❯ 图3-43

❯❯ 图3-44

凤凰鼓翅

十六

【实战举例】

1. 我方右脚上步，右掌向前撩击敌方心窝。敌方仰身避过。（图3-45）

2. 我方左脚上步至敌方裆下，左掌向前推击敌方腹部。（图3-46）

☆ 图3-45

☆ 图3-46

3.动作不停，我方再出右掌向前推击敌方心窝。连环推掌，抖劲震击，致其难逃。（图3-47）

⚡ 图3-47

玄武出海

十七

【实战举例】

1.敌方进身，右脚向前勾踢我方右小腿。我方右腿赶紧屈膝提起，避过敌方来踢。（图3-48）

2.随即，我方右脚向前落步，身向右转，左掌跟进，向前推击敌方小腹。敌方撤步仰身，避过我方左掌。（图3-49）

3.我方右脚前移，身稍向左转，右掌向前横推敌方上腹，致其歪倒。（图3-50）

《 图3-48

》 图3-49

《 图3-50

十八

降龟伏蛇

【实战举例】

1. 敌方左脚上步，左拳冲击我方脸部。我方左脚向左闪步，屈膝沉身，避过敌拳。（图3-51）

2. 随即，我方右脚上步，右腿后拦敌方左腿，右掌向前反推敌方裆部。敌方急忙吞身。（图3-52）

⚒ 图3-51

⚒ 图3-52

3. 我方身体上起，两腿弓步，左掌向上推击敌方胸口，猛劲抖震，将其击倒。（图3-53）

⬆ 图3-53

龟缩蛇吐

【实战举例】

1. 敌方右脚上步，右拳冲击我方胸部。我方稍撤步，左掌上提，向左拦格敌方右臂。（图3-54）

2. 随即，我方两脚上步，左掌顺势向前推击敌方胸部。敌方右脚撤步，仰身避过。（图3-55）

3. 我方右脚斜向右前方上步，重心右移成横裆步，左掌转腕，向前插击敌方咽喉。（图3-56）

» 图3-54

« 图3-55

» 图3-56

金凤夺巢

【实战举例】

1. 敌方右脚上步，右拳向下冲击我方腹部。我方撤步俯身，左手由上向下擒抓敌方右腕。（图3-57）

2. 敌方手腕被擒，右手急忙用力回撤。我方借势出击，左脚垫步，右脚前跨，两掌合力向上猛劲推震敌方上腹，致其被动失势。（图3-58）

⚠ 图3-57

⚠ 图3-58

3. 动作不停，我方两掌一收即发，左掌向上正推敌方胸口，右掌向下反推敌方裆部。此为蝶掌势，短距寸劲，突然难防。（图3-59）

⚹ 图3-59

神龟过河

【实战举例】

1. 敌方右脚上步，右掌推击我方胸部。我方稍撤步，右掌上提，拦格敌方右腕。（图3-60）

2. 动作不停，我方左脚上步，右手顺势扣抓敌方右掌，左手抓住敌方右腕，两手合力向下牵带。敌方用力较劲，以防被制。（图3-61）

3. 我方并不擒拿，右脚上步，左手紧抓敌方右腕不放，腾出右手前推敌方脸部，致其难逃。（图3-62）

图3-60

图3-61

图3-62

龟蛇戏水

【实战举例】

1. 敌方进身，右脚突然向我方左腿勾踢而来。我方疾将左腿屈膝提起，避过敌招。（图3-63）

2. 随即，我方左脚向前落步，两腿弓步，右掌向前撩击敌方咽喉。（图3-64）

⚡ 图3-63

⚡ 图3-64

3. 动作不停，我方右掌屈肘后拉，左掌顺势向前横推敌方小腹，将其击倒。此为开弓势，力大劲整。（图3-65）

❖ 图3-65

紫燕穿林

【实战举例】

1. 我方垫步进身，上身前探，左掌向前撩击敌方胸口。敌方急忙仰身，避过我方掌击。（图3-66）

2. 我方右脚垫步，左脚插入敌方裆下，上体右旋，左掌向下反扇敌方裆部。（图3-67）

3. 动作不停，我方左脚外展，身向左转，两腿弓步，左掌稍收即发，转手向上切击，对准敌方胸口，将其制伏。（图3-68）

❮❮ 图3-66

❮❮ 图3-67

❮❮ 图3-68

玄武出潭

【实战举例】

1. 敌方右脚上步，右拳冲击我方腹部。我方撤步吞身，左掌由上向下拍按敌方右拳。（图3-69）

2. 随即，我方左掌向左拨开敌方右臂，右脚抢上一步，右掌向上砍击敌方左颈。（图3-70）

❮ 图3-69

❮ 图3-70

3. 动作不停，我方收回右掌，左掌连环，向前再砍敌方右颈，左右开弓，致其难逃。（图3-71）

⊗ 图3-71

第四章
武当实战
绵掌
（二十四掌）

　　绵掌是武当武术的高级技法，溯其根源，乃由其"绵掌功"演化而来。

　　有歌曰：绵掌有法法自然，绵劲真功勤修炼。倘有巨力来打我，避重就轻把身偏。手拦步转去卸化，一触即发打连环。沾衣发劲谁能测，弹抖突发如放电。穿肌透肤伤五脏，绵里裹铁玄中玄。

　　绵掌以"绵掌功"为根，擅长"绵劲"，注重掌击，故也叫"绵劲掌"。其技击时讲究闪躲圆滑，缠拧滚化；进逼夺位，挨膀挤靠；借力就势，柔化刚发；沾衣使劲，突然弹抖；软中带硬，柔中寓刚。本章专讲其精招二十四掌。

绵掌由功进技，以劲为本，没有一定的功夫，很难一招制敌，所以有必要再介绍一下绵掌功。绵掌功，属于"武当三十六功"之一，功成之后掌劲可以穿坚透甲，隔物过劲，一掌着体，表面少痕，内里已伤。"武当三十六功"是与"少林七十二艺"齐名的武林绝技，由武当道总徐本善所传。

绵掌功的功法很多，鉴于篇幅，本章仅简介其中易学易练的"推送功"之"送袋功"。制一大沙袋，吊置备用，以掌按住（不要离袋），然后向前发力（寸劲）推送。两掌互换，反复练习。开始练习时，沙袋很难应手推动，练习日久，则内力萌生，掌推袋动。功成之后，沾袋一推，即可送之至远，则"绵劲"有成。

童子献寿

【实战举例】

1. 敌方右脚上步，右拳冲击我方脸部。我方撤步闪过，沉身下坐。（图4-1）

2. 随即，我方右脚向前跨步至敌方裆下，两掌一齐向上夹托敌方下颌。敌方急忙仰头，企图逃脱。（图4-2）

图4-1

图4-2

3. 我方两掌沾身发力，顺势向前抖劲推击，致其后倒。（图4-3）

◈ 图4-3

引封开印

【实战举例】

1. 敌方右脚上步，左拳冲击我方胸部。我方向右偏身，左掌向左上挑，拦格敌方左肘。（图4-4）

2. 动作不停，我方左脚前跨一步，左掌原位向下切击敌方左肋，致其剧痛失力。（图4-5）

⌃ 图4-4

⌃ 图4-5

双滚坎离

【实战举例】

1. 敌方右脚上步，右拳冲击我方胸部。我方沉身后坐，左掌上起，托架敌方右肘。（图4-6）

2. 动作不停，我方左掌向左拨开敌方右臂，右脚前跨一步，右掌向前推击敌方胸口，猛劲抖震，将其制伏。（图4-7）

❯ 图4-6

❯ 图4-7

四

风摆垂柳

【实战举例】

1. 敌方右脚上步，右拳冲击我方胸部。我方向右偏身，左掌前伸，推挡敌方右臂，化解来拳猛劲。（图4-8）

2. 动作不停，我方右脚前跨一步，右掌向前推击敌方胸口，猛劲抖震，致其后倒。（图4-9）

图4-8

图4-9

左右托腰

【实战举例】

1. 敌方左脚上步，左拳冲击我方胸部。我方沉身后坐，左掌上起，托架敌方左肘。（图4-10）

2. 动作不停，我方右脚上步，右腿拦住敌方左腿，左掌托起敌方左臂，右掌乘机向前推震敌方左肋，将其击出。（图4-11）

⊗ 图4-10

⊗ 图4-11

里门推掌

【实战举例】

1. 敌方右脚上步，右拳冲击我方脸部。我方向左偏身，避过敌拳之际，左手乘机上抓敌方右肘。（图4-12）

2. 动作不停，我方左掌抓住敌方右肘向下扒压，两脚上步，右掌顺势向上猛推敌方脸部，致其后倒。（图4-13）

❯ 图4-12

❯ 图4-13

架梁穿柱

【实战举例】

1. 敌方进身，左脚弹踢我方裆部。我方撤步缩身，右掌向下拍按敌方左脚，阻截来踢。（图4-14）

2. 敌方又以左拳向我方脸部冲击而来。我方左掌赶紧上架，右脚及时上步，右掌向前横推敌方左肋，快速反击，猛劲抖震，致其后翻。（图4-15）

❯❯ 图4-14

❯❯ 图4-15

鞭掌夹带

【实战举例】

1. 敌方左脚上步，左拳冲击我方胸部。我方沉身后坐，右掌上起，向左拦切敌方左臂。（图4-16）

2. 随即，我方两脚上步，左脚踏入敌方裆下，左掌向前推击敌方腹部，猛劲抖震，致其后歪。（图4-17）

❯ 图4-16

❯ 图4-17

3. 动作不停，我方身体上起，向左转身，右掌向前推撞敌方胸部，放长击远，致其后倒。（图4-18）

△ 图4-18

化掌双推

【实战举例】

1. 敌方右脚上步，左拳冲击我方脸部。我方向左偏身，右掌上起，向右拦挡敌方左臂。（图4-19）

2. 敌方右拳紧跟，又来冲击我方脸部。我方撤身坐步，左臂屈肘，向左拦挡敌方右臂。（图4-20）

3. 动作不停，我方赶紧反击，两脚上步，左脚踏敌中门，两掌相并前推敌方心口，合力劲足，势猛难挡，将敌击出，不复能战。（图4-21）

《 图4—19

》 图4—20

《 图4—21

反推切掌

【实战举例】

1. 敌方右脚上步，左拳冲击我方胸部。我方撤步吞身，左掌上起，向左拦格敌方左臂。（图4-22）

2. 随即，我方左脚上步，两腿弓步，右掌向下反推敌方裆部。敌方急忙撤身，手忙脚乱。（图4-23）

图4-22

图4-23

3. 我方左掌顺势向下切击敌方腹部，震劲发力，将其制伏。（图4-24）

⬆ 图4-24

沾身一推

【实战举例】

1. 敌方右脚上步，右拳冲击我方腹部。我方闪身避过，左臂下伸，向左拦格敌方右臂。（图4-25）

2. 随即，我方两脚上步贴近敌身，身向左旋前挤，左掌向前切击敌方右肋，右掌按压敌方胸部，逼压敌势。（图4-26）

3. 动作不停，我方右掌原位向前突发抖劲，猛然前推，震击敌方胸部，将其击倒。此为沾身发力，令敌难测。（图4-27）

❯ 图4-25

❯ 图4-26

❯ 图4-27

先擒后推

【实战举例】

1. 敌方右脚上步，右拳冲击我方脸部。我方稍撤身，两掌交叉成十字手，向上托架敌方右臂。（图4-28）

2. 动作不停，我方身向右转，右手顺势抓住敌方右拳向右下方拧拽，左肘向右下方盘压敌方右肘（左手抓住自己右腕助劲），将其擒拿。（图4-29）

⚫ 图4-28

⚫ 图4-29

3. 敌不甘被擒，用力向后拉臂欲逃。我方借敌之劲，身向左转，腾出右掌猛推敌方胸部，将其击倒。（图4-30）

☆ 图4-30

翻掌擒龙

十三

【实战举例】

1. 敌方进身，右脚向我方左小腿踹击而来。我方赶紧提起左腿，避过敌方来踢。（图4-31）

2. 动作不停，我方左脚向前下落，右脚左扣，两腿弓步，左掌向前推挤敌方胸部，右掌向下甩击敌方裆部。敌方急忙吞身躲避。（图4-32）

3. 我方两脚不动，身向前逼，右掌翻转向前寸劲推抖，伤敌裆部。（图4-33）

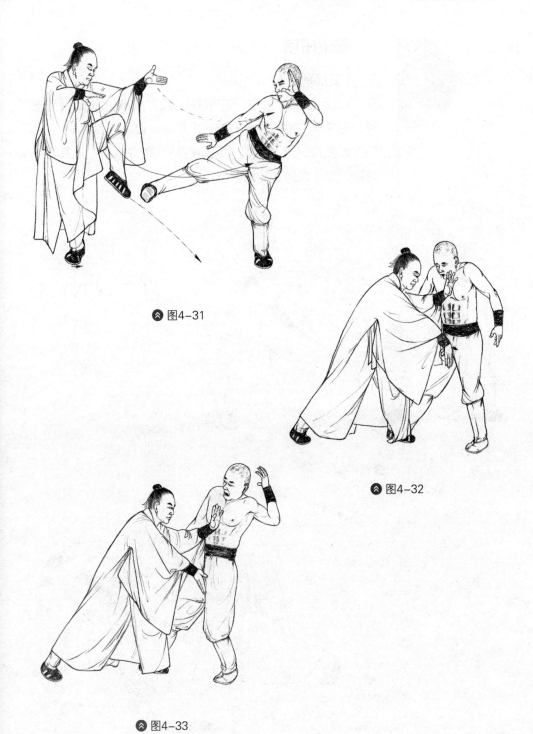

⊗ 图4-31

⊗ 图4-32

⊗ 图4-33

泰山压顶

【实战举例】

1. 敌方左脚上步，右拳掏击我方腹部。我方吞身避过，左掌向下拍按敌方右腕，击落其右臂。（图4-34）

2. 随即，我方右掌乘机向前拍击敌方头顶，迫其身向前俯，周身失势。（图4-35）

⚙ 图4-34

⚙ 图4-35

3. 动作不停，我方右掌一旦得手，再连发震劲，稍提即下拍，将其制伏。此乃绵掌秘法，沾身寸劲，致其难逃。（图4-36）

⤊ 图4-36

紫燕双飞

【实战举例】

十五

1. 敌方右脚上步，两拳一齐向我方头部崩击而来。我方沉身后坐，两掌上起，向外分拦敌方两臂。（图4-37）

2. 随即，我方左脚稍进，两腿弓步，两掌外旋压住敌方两臂，用力向下拨开。（图4-38）

3. 动作不停，我方两掌快速反击，一齐向上合扇敌方两腮。两手夹击，致其剧痛，将其制伏。（图4-39）

图4-37

图4-38

图4-39

仙掌排云

【实战举例】

1. 敌方右脚上步，右拳崩击我方胸部。我方两脚向左闪开，屈膝蹲身，两掌提起，防护上门，蓄势待发。（图4-40）

2. 动作不停，我方左脚赶紧上步，两掌乘机向前双推敌方右肋，抖劲震击，致其歪倒。（图4-41）

十六

☆ 图4-40

☆ 图4-41

乾坤霹雳

【实战举例】

1. 敌方进身，右脚弹踢我方裆部。我方撤步闪过，沉身下坐，左掌向下拦切敌方右脚，阻截敌方来踢。（图4-42）

2. 随即，我方右脚前跨，两腿弓步，右掌向前推击敌方上腹，致其后歪。（图4-43）

☆图4-42

☆图4-43

3. 动作不停，我方左脚前跨，两腿弓步，左掌向前再推敌方上腹，推劲连环，将其击倒。（图4-44）

图4-44

麒麟吐书

【实战举例】

1. 敌方左脚上步，左拳冲击我方胸部。我方撤步闪过，沉身下坐，左掌向前托架敌方左肘，阻截敌方拳击。（图4-45）

2. 随即，我方左脚上步，左掌向上托起敌方左臂，右掌顺势向下横推敌方左腰。（图4-46）

3. 动作不停，我方左掌下落，推撞敌方左肋，右掌下转，推撞敌方左胯，两手合力，一齐吐劲，致其歪倒。（图4-47）

◈ 图4-45

◈ 图4-46

◈ 图4-47

剪手问津

【实战举例】

1. 敌方右脚上步，右拳崩击我方胸部。我方沉身后坐，两掌上起，向内剪击敌方右臂（右掌切其前臂，左掌切其上臂），致其疼痛失力。夹击如剪，即为剪手。（图4-48）

2. 动作不停，我方左掌顺势下压敌方右臂，右掌向前推撞敌方右胸，抖劲震击，将其击退。（图4-49）

△图4-48

△图4-49

推树砍枝

【实战举例】

1. 敌方右脚上步，左拳冲击我方胸部。我方撤身虚步，右手向下拦抓敌方左腕，左掌向上托抓敌方肘部，准备伤其左肘，将其擒拿。（图4-50）

2. 敌方见我方擒拿，急忙撤臂欲逃。我方右手借劲将敌方左腕向上甩开，左脚上步，左掌顺势前推，震击敌方胸部。（图4-51）

❯ 图4-50

❯ 图4-51

3. 动作不停，我方两脚前滑紧跟，右掌猛劲向前劈砍敌方左肩，伤其关节，致其失力。（图4-52）

⤊ 图4-52

铁掌摧心

【实战举例】

1. 敌方右脚上步，右拳崩击我方胸部。我方撤步避过，右掌上起，向左横拦敌方右臂。（图4-53）

2. 随即，我方左脚上步，左掌向前猛劲推震敌方心窝。（图4-54）

3. 动作不停，我方再出右掌，连环抖震敌方心窝，左掌上击敌方左腮，致其内伤。（图4-55）

图4-53

图4-54

图4-55

凤舞九天

【实战举例】

1. 敌方右脚上步，左拳冲击我方脸部。我方向右偏身避过，左掌上起，向左拦架敌方左肘。（图4-56）

2. 随即，我方向左转身，右脚左扣，左脚插步，右掌向前突袭，反手拍打敌方裆部。（图4-57）

❖ 图4-56

❖ 图4-57

3. 动作不停，我方身向左转，两脚摆扣，左掌随之划弧反挥，砍击敌方后脑，将其制伏。（图4-58）

⌃ 图4-58

翻车风轮

【实战举例】

1. 我方右脚上步，弓步探身，右掌向前甩击敌方脸部。敌方仰身躲避，左臂屈肘向前拦截，阻挡我方掌击。（图4-59）

2. 随即，我方两脚前滑，左掌向上切击敌方腹部。（图4-60）

3. 动作不停，我方两掌迅疾翻转，左掌推震敌方腹部，右掌扑推敌方脸部，两掌齐推，短促发劲，致其歪倒。（图4-61）

⊗ 图4-59

⊗ 图4-60

⊗ 图4-61

星花扑面

二十四

【实战举例】

1. 敌方右脚上步，右拳冲击我方脸部。我方稍撤步，蹲身闪过，左掌上起，拦格敌方右臂。（图4-62）

2. 动作不停，我方左脚前移，身体上起，左掌向外拨开敌方右臂，右掌扑推敌方脸部，将其击退。（图4-63）

❯ 图4-62

❯ 图4-63

第五章
武当实战
游龙掌
（二十四掌）

　　游龙掌，来自武当游龙门。游龙门据传由明代武林高手"游龙子"所创。"游龙子"开门创派，名重一时；但其真实姓名、师承何派、传于何人、生卒何时等已无从查考。

　　何谓游龙门？"势若游龙，天矫难测。技法多变，幻化多端"，故名。此门以功为拳，以拳练功，拳功兼修，内外合一，自成体系，是不可多得的武当内家绝技。

　　游龙门一直秘传于武当道观，至清嘉庆年间方才传入民间，其技因此渐生变化，演进成了多种练法。今选其门掌法秘招，解析出来，谨供参考。

　　游龙掌实战要诀曰：以掌为法，以走为变。击上打下，步转腰旋。以柔克刚，化发抖弹。游身换影，忽近忽远。奇正相生，忽隐忽现。动如龙游，连绵不断。

狮子滚球

【实战举例】

1. 敌方左脚上步，右拳下冲我方腹部。我方向左闪步，右臂下伸，向右拦格敌方右腕。（图5-1）

2. 动作不停，我方左脚前移，右掌转手向前横推（掖掌）敌方右肋。敌方急忙吞身躲避。（图5-2）

❯ 图5-1

❯ 图5-2

3. 我方再出左掌，向前推击敌方右肩，猛劲抖震，致其侧倒。（图5-3）

△图5-3

猛虎跳涧

【实战举例】

1. 敌方垫步进身，左腿横扫我方右膝。我方稍撤步，右腿提膝避过。（图5-4）

2. 敌方左脚落步，右腿又起，横扫我方左肋。我方右脚向后落步，沉身坐胯，左臂下伸，向左拦格敌方右脚。（图5-5）

❮ 图5-4

❮ 图5-5

3. 敌方右脚踏落，右拳又来冲击我方脸部。我方左脚撤步，左臂上提，向左拦格敌方右臂，迟滞敌方攻势。（图5-6）

4. 动作不停，我方右脚前移，向前探身，右掌向前推击敌方下颌，致其脱臼，迫其后退。（图5-7）

❮ 图5-6

❮ 图5-7

翻臂劈掌

【实战举例】

1. 我方左脚上步，右掌向前撩击敌方咽喉。敌方向左闪身避过。（图5-8）

2. 我方右臂屈肘，顺势向前捣击敌方胸部。敌方右脚撤步，左掌来推我方右肘，顶住我方进攻。（图5-9）

☆ 图5-8

☆ 图5-9

3. 敌方左掌按压我方右肘，两脚上步，右拳又来冲击我方脸部。我方向后仰身，左掌速出，向右拦推敌方右腕，阻截敌方攻击。（图5-10）

4. 动作不停，我方左臂顺势向下压落敌方右臂，右脚稍进，右掌乘机向前翻出，掌背发力，甩击敌方右腮。（图5-11）

❯ 图5-10

❯ 图5-11

双鞭压肘

【实战举例】

1. 敌方右脚上步，右拳冲击我方胸部。我方撤步坐身，右掌上挑，拦格敌方右腕，阻截敌方拳击。（图5-12）

2. 随即，我方右手旋抓敌方右腕向右后方牵带，身向右转，两脚摆扣，左臂屈肘，夹住敌方右肘向右下压，迫使敌方上身前俯。（图5-13）

图5-12

图5-13

3. 动作不停，我方身向左转，两腿摆扣，左掌乘机转腕上翻，掌背发力，甩击敌方嘴部。（图5-14）

⊗ 图5-14

转身披肘

【实战举例】

1. 敌方右脚上步，左拳冲击我方胸部。我方撤步避过，左掌上起，拦格敌方左臂。（图5-15）

2. 随即，我方左手抓拿敌方左肘，右手抓扣敌方左腕，两手合力向左下拽，右脚插步，身向右转，以左肩担住敌方左上臂向上顶扛，致其折伤。（图5-16）

3. 动作不停，我方右脚右移，两腿屈蹲，身向右旋，松开两手，向右合力横推敌方腹部，猛劲抖震，致其后倒。（图5-17）

图5-15

图5-16

图5-17

拍胸扑肘

【实战举例】

1. 我方左脚上步，右掌向前推击敌方胸部。敌方撤步蹲身，右手上起，向外拦抓我方右腕。（图5-18）

2. 我方反击，右掌用力外旋，向右翻压敌方右腕，迫其松开；两脚垫步，左腿后绊敌方右腿，沉身坐马，左掌乘机向前下劈敌方腹部。敌方受击吞身，摇晃欲倒。（图5-19）

⊗ 图5-18

⊗ 图5-19

3. 我方左臂屈肘，顺势捣击敌方右胸，长中有短，短促杀伤。我方可左手握拳，以右掌贴住左拳向左推送，则力量剧增。（图5-20）

⊼ 图5-20

风轮反肘

【实战举例】

1. 敌方左脚上步，左拳冲击我方腹部。我方向左旋身闪过，在敌方左拳打空之际，顺势以右臂向左裹击敌方左臂，使其架势偏斜。（图5-21）

2. 随即，我方右脚左扣，左脚插步，身向左转，两腿弓步，左肘向左猛劲拐击敌方左腋。（图5-22）

3. 动作不停，我方左掌顺势向前翻出，反背甩击敌方后脑，致其前栽。（图5-23）

图5-21

图5-22

图5-23

卸步牵羊

【实战举例】

1. 敌方左脚上步，左拳崩击我方脸部。我方向左闪过，右臂上提，拦格敌方左腕。（图5-24）

2. 随即，我方右脚撤步；右手旋腕，抓住敌方左腕，左掌上托敌方左臂，两手合力向右下方猛劲拖拉，致其向前俯身，势歪步乱。（图5-25）

⊗ 图5-24

⊗ 图5-25

3. 动作不停，我方乘机两脚后滑，两手提起，一齐向下拍击敌方后脑，致其前栽趴地。（图5-26）

✿ 图5-26

九

二仙传道

【实战举例】

1. 敌方左脚上步，左拳冲击我方腹部。我方右闪避过，左臂向左拦挡敌方左腕，破坏敌方来势。（图5-27）

2. 动作不停，我方右脚上步，右腿拦挡敌方左腿，左脚外摆，两腿屈蹲，左掌向右拍击敌方腹部，右掌向左拍击敌方腰部，两掌夹击，致其内伤。（图5-28）

❯ 图5-27

❯ 图5-28

翻身抽鞭

【实战举例】

1. 我方右脚上步，右肘猛劲向前顶撞敌方胸部，预想一招制敌。不料被敌方拦截，敌方撤步偏身，右手推抓我方右肘。（图5-29）

2. 我方变招，左脚插步，右脚左扣，向左转体约半周，左掌随之向左后方划弧，猛劲甩击敌方头部，大幅反甩，抽打如鞭。（图5-30）

«图5-29

»图5-30

野马撞槽

【实战举例】

1. 敌方进身，右脚弹踢我方腹部。我方向左闪开，虚步沉身，右臂下伸，向右拦截敌方右腿。（图5-31）

2. 敌方右脚落步，右拳又来崩击我方脸部。我方速将右脚落步，左脚撤步，左臂上伸，向左拦挡敌方右臂，破其连击。（图5-32）

《 图5-31

》 图5-32

3.动作不停，我方左脚垫步，右脚前跨，右腿后拦敌方右腿，左掌顺势下拍敌方右上臂，右肩乘机向前猛劲冲撞敌方胸部，致其后倒。（图5-33）

4.如敌方未倒，或向后躲闪，我方左掌赶紧跟进，推住敌方下颌，抖劲发力，将其打倒。（图5-34）

图5-33

图5-34

大鹏展翅

【实战举例】

1. 敌方右脚上步，右拳崩击我方胸部。我方向左闪过，右臂上起，向右格挡敌方右臂。（图5-35）

2. 随即，我方右手顺势抓住敌方右腕向右牵带，右脚撤步，身向右转，左臂下伸，以左腋夹住敌方右臂向右旋压，致其身倾步乱。（图5-36）

❯ 图5-35

❯ 图5-36

3. 动作不停，我方身向左转，右手松握，左掌乘机向左上方劈压敌方左膀，左臂顺势拦压敌方脖颈，致其翻身歪倒。（图5-37）

⚡ 图5-37

十三

白袍锄草

【实战举例】

1. 敌方右脚上步，左拳冲击我方脸部。我方向右闪过，左掌上挑，拦截敌方左肘。（图5-38）

2. 动作不停，我方左掌顺势抓住敌方左腕向左下拽，左脚向后撤步，右掌上起，猛劲劈砍敌方左上臂，伤其肱骨，将其擒拿。（图5-39）

❯ 图5-38

❯ 图5-39

周仓扛刀

【实战举例】

1. 敌方右脚上步，左拳冲击我方脸部。我方向右闪过，左掌上扬，格挡敌方左臂。（图5-40）

2. 随即，我方两手一齐抓住敌方左腕合力向左下搋，身向左转，两脚摆扣，顺势以右肩抵住敌方左上臂向左扛起，欲将其摔倒。（图5-41）

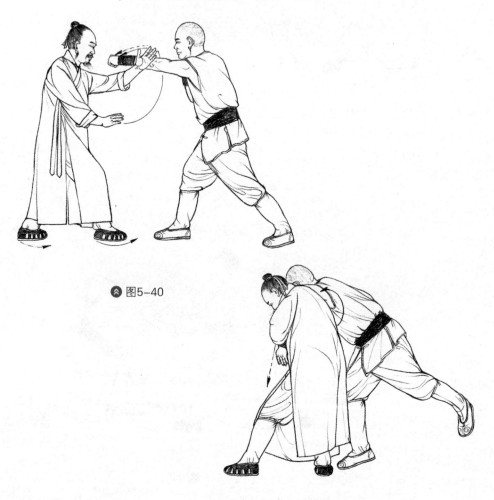

◈ 图5-40

◈ 图5-41

3. 敌方左臂向右滑脱，使我方无法扛摔。我方两手顺势向左牵引敌方左臂，腾出右掌猛推敌方左肩（或后背），致其身向前仆。（图5-42）

▲ 图5-42

脱身幻影

十五

【实战举例】

1. 敌方右脚跨步，右拳冲击我方脸部。我方两脚迅速向左连环闪步，绕至敌身右侧，使其打空，身向前仆。（图5-43）

2. 动作不停，我方左脚继续向右绕步，转于敌方身后，左掌乘机向上推击敌方后脑，猛劲抖震，将其制伏。（图5-44）

图5-43

图5-44

王母拐线

【实战举例】

1. 敌方右脚上步，右拳冲击我方胸部。我方撤步沉身，右掌上起，向右拦格敌方右腕。（图5-45）

2. 随即，我方右手顺势抓住敌方右腕向右后方牵带，身向右转，两脚摆扣，左肘上提，下压敌方右肘，左掌按住自己右手助力，合力控制其右臂。敌方挣劲欲脱。（图5-46）

十六

⌃图5-45

⌃图5-46

3. 我方不予纠缠，身向左转，左脚外摆，左掌反背甩击，猛抽敌方咽喉，将其击倒。（图5-47）

图5-47

掩肘推山

【实战举例】

1. 敌方右脚上步，右拳冲击我方胸部。我方撤步闪身，左掌上起，向右拦格敌方右臂。（图5-48）

2. 动作不停，我方左掌顺势贴住敌方右臂用力下压，两脚上步，向左转体，右掌向前猛推敌方嘴部，致其歪倒。（图5-49）

图5-48

图5-49

缠手摆莲

【实战举例】

1. 敌方右脚上步，右拳崩击我方胸部。我方撤步吞身，右掌上挑，拦格敌方右臂。（图5-50）

2. 随即，我方右掌顺势缠抓敌方右拳，左手上起，抓按敌方右腕，一齐用力向右后方拖拽，致其身向前仆。敌方欲逃，右臂回挣。（图5-51）

⊗ 图5-50

⊗ 图5-51

3. 我方借着敌方之劲，顺势松开敌方右腕，左脚乘机踢起，猛劲摆踢敌方头部。敌方仰头急闪。（图5-52）

4. 我方左脚向左后方落步，右脚跟进，向左旋体，两掌齐发（左掌劈砸敌方胸部，右掌反推敌方腹部），将其击倒。（图5-53）

▲ 图5-52

▲ 图5-53

回身扫肋

【实战举例】

1. 敌方左脚上步，左拳崩击我方脸部。我方两掌上起，合力拦格敌方左臂。（图5-54）

2. 随即，我方两手顺势抓拿敌方左腕向左牵拽，两脚上步，身向左转，右肩上扛敌方左肘。（图5-55）

❯ 图5-54

❯ 图5-55

3. 若反击成功，即可折其左肘，连伤其腕。如敌方臂力过大，我方则使用以下之掌法制敌。我方迅速松开敌方两手，身向左转，两脚摆扣，左掌向左后方划弧扫去，猛劲切击敌方左肋后方（约京门穴或志室穴部位）。（图5-56）

▲ 图5-56

猴子爬竿

【实战举例】

1. 敌方右脚上步，右拳冲击我方脸部。我方向左稍闪，两掌上起，合力向右拦格敌方右臂。（图5-57）

2. 随即，我方两手顺势抓擒敌方右腕向其右下方拧转，两脚连续上步绕走，进至敌方身后。（图5-58）

3. 动作不停，我方右脚乘机上步至敌方左脚跟处，向前探身，左手紧拉敌方右腕，右掌向前翻出，猛劲击打敌方脖颈。（图5-59）

☆ 图5-57

☆ 图5-58

☆ 图5-59

怀中抱月

【实战举例】

1. 敌方右脚上步，右拳冲击我方胸部。我方左脚迅速向左闪步，两掌上提，拦格敌方右臂，右掌拦其前臂，左掌拦其上臂。（图5-60）

2. 动作不停，我方两脚上步绕走，突入敌方右后方，左掌穿过敌方脑后搂抓敌方左腮，右掌划劲向前推挤其右腮，两手合力，将其制伏。（图5-61）

❖ 图5-60

❖ 图5-61

仙人簸米

【实战举例】

1. 敌方右脚上步，右拳横扫我方头部。我方屈膝蹲身，避过敌方拳击。（图5-62）

2. 随即，我方顺势反击，左脚跨步至敌方裆下，两掌向前撩击敌方两肋（约章门穴部位）。（图5-63）

图5-62

图5-63

3. 动作不停，我方两掌沾身发劲，猛然挺腕，掌根前震，伤其肋部，致其后倒。（图5-64）

☆ 图5-64

张飞骗马

【实战举例】

1. 敌方向前滑步，左拳冲击我方脸部。我方撤步蹲身，左臂上挑，向左拦格敌方左臂。（图5-65）

2. 随即，我方左掌继续扒压敌方左臂，右脚垫步，左脚上起，向外摆踢敌方头部。敌方低头俯身。（图5-66）

3. 动作不停，我方左脚顺势向左落地，右脚稍撤稳住步形，右掌紧随，猛劲劈砍敌方后背，致其前栽。（图5-67）

图5-65

图5-66

图5-67

风轮劈掌

【实战举例】

1. 敌方左脚上步，左拳崩击我方胸部。我方不退不拦，身向右旋，巧妙避过。（图5-68）

2. 随即，我方赶紧向左回身，两脚摆扣，左掌猛然向左劈砸敌方左臂，致其左臂垂落，上门洞开。（图5-69）

❖ 图5-68

❖ 图5-69

3. 动作不停，我方右掌连击而去，向前劈砍敌方脖颈，大力所到，将其制伏。（图5-70）

⌃ 图5-70

第六章
武当实战
阴阳掌
（四十掌）

乾坤门，内家武当派一大名门，所谓"采乾之灵气，以为功；取坤之灵态，以为拳"，故名。乾坤门因传承悠久，故分支较多，如先天乾坤门、乾坤一气门、乾坤八卦门、乾坤浑元门、南乾坤门、北乾坤门、乾坤铁掌门等。

本章的掌法来自武当乾坤铁掌门。此门注重掌法，劲法刚劲，攻击犀利，招法多变。其技击讲究吞吐浮沉，击上打下，有阴有阳，虚实相兼。

阴阳掌是惯称，又名"乾坤掌"。有歌曰：武当乾坤有铁掌，掌要坚来劲要刚。阳中有阴阴有阳，上打咽喉下打裆。吞吐浮沉敌莫测，克敌制胜胜当场。

吞吐：吞者，缩身、避让，胸腹内收，蓄势待发。吐者，打开架势，力量贯达，发劲伤敌。所谓"吞身如鹤缩，吐手若蛇奔"。

浮沉：浮者，上起。沉者，向下。上下连打，或诱上打下，令敌难防。

进步挑掌

【实战举例】

1. 敌方右脚上步，右拳冲击我方脸部。我方向左闪过，吞身后坐，右掌向右拦挑敌方右臂，阻截敌方攻击。（图6-1）

2. 随即，我方左脚上步，左掌向上托起敌方右肘。（图6-2）

图6-1

图6-2

3. 动作不停，我方右脚上步至敌方裆下，右掌向前推击敌方胸口，猛劲抖震，致其后倒。（图6-3）

⊗ 图6-3

缠手掖撞

【实战举例】

1. 敌方右脚上步，右拳下崩我方腹部。我方撤步吞身，右掌下劈敌方右臂，将其来拳击落。（图6-4）

2. 动作不停，我方右脚上步，右掌转手向前横推敌方右肋，将其制伏。（图6-5）

◈ 图6-4

◈ 图6-5

黑虎入洞

【实战举例】

1. 敌方右脚上步，右掌向我方头部劈来。我方稍撤步，沉身下坐，右掌上起，向右拦截敌方右腕。（图6-6）

2. 随即，我方左掌迅速向下猛劈敌方右肘（约曲池穴部位），致其疼痛失力，右臂垂落。（图6-7）

⊗ 图6-6

⊗ 图6-7

3. 动作不停，我方左脚稍进，两腿弓步，右掌向下撩击敌方裆部，暗含推劲，将其制伏。（图6-8）

⊗ 图6-8

青龙探爪

【实战举例】

1. 敌方右脚上步，右拳冲击我方腹部。我方吞身闪过，右手乘机按抓敌方右腕，左掌扬起蓄劲。（图6-9）

2. 动作不停，我方左臂向下横压敌方右臂，左脚上步，右手松开敌方右腕向前扑按其鼻子，致其酸痛，迫其后退。（图6-10）

四

⚞ 图6-9

⚞ 图6-10

抹袖连捶

五

【实战举例】

1. 敌方左脚上步，右拳冲击我方胸部。我方向左闪避，右掌前起，拦截敌方右臂。（图6-11）

2. 随即，我方左掌上起，与右掌一齐贴住敌方右臂向下捋压，致其臂落，上门洞开。（图6-12）

⊗ 图6-11

⊗ 图6-12

3. 接着，我方身向左转，右脚左扣，两腿跪步，右掌转腕向上扑击敌方脸部。（图6–13）

4. 动作不停，我方两腿弓步，身向前仆，右掌收回成拳，左掌转腕向上推击敌方右腮，致其歪倒。（图6–14）

❯ 图6–13

❯ 图6–14

云龙献爪

【实战举例】

1. 敌方左脚上步，右拳冲击我方胸部。我方撤步蹲身，左掌上起，向右拦推敌方右臂。（图6-15）

2. 动作不停，我方左掌贴住敌方右臂向下按压，左脚前移，两腿弓步，右掌向上撩击敌方左耳。敌方急忙躲避。（图6-16）

❖ 图6-15

❖ 图6-16

3. 我方左脚再进，身向前逼，右掌转腕，向前拍打敌方面门，短距抖劲，伤其鼻子，封其眼睛。（图6-17）

⚠ 图6-17

七

拨云见日

【实战举例】

1. 敌方左脚上步，右拳冲击我方胸部。我方撤步吞身，左掌上扬，向左拦格敌方右臂。（图6-18）

2. 动作不停，我方左脚前移，两腿弓步，右掌向前推击敌方胸部（约鸠尾骨部位），猛劲抖震，致其后倒。（图6-19）

图6-18

图6-19

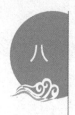

顶肘翻掌

【实战举例】

1. 敌方右脚上步，右拳冲击我方脸部。我方蹲身闪过，顺势左脚上步，左臂屈肘反击，直捣敌方腹部。（图6-20）

2. 动作不停，我方起身弓步，身向左转，左拳变掌上翻，掌背发劲，向上甩击敌方眼睛。（图6-21）

❖ 图6-20

❖ 图6-21

单掌扇风

【实战举例】

1. 敌方进身，右腿低踢我方左小腿。我方撤步之际，左腿屈膝提起，避过敌方扫踢。（图6-22）

2. 动作不停，我方左脚向前踏落，右掌从后向上大幅横扫，猛劲扇击敌方左耳或左腮，将其制伏。（图6-23）

☝ 图6-22

☝ 图6-23

恶虎扒心

【实战举例】

1. 敌方右脚上步，右掌向我方脸部推来。我方稍撤步，右掌前推，向右拦截敌方右臂。（图6-24）

2. 随即，我方两脚前滑，左掌向右下截敌方右上臂，右掌下捋助劲，使其右臂垂落，出现破绽。（图6-25）

⊗ 图6-24

⊗ 图6-25

3. 动作不停，我方右脚前跨一步至敌方裆下，两腿弓步，身向左转，两掌齐推敌方前胸，合力扑击，致其后倒。（图6-26）

☆ 图6-26

进步撑撞

【实战举例】

1. 敌方右脚上步，右摆拳横扫我方头部。我方撤身虚步，避过敌拳锋芒。（图6-27）

2. 动作不停，我方右脚前跨一步至敌方裆下，两腿弓步，两掌齐出，横推敌方胸部，猛劲前撑，致其失衡。（图6-28）

❯ 图6-27

❯ 图6-28

白猿献果

【实战举例】

1. 敌方左脚上步，两手一齐扑向我方腰部。我方吞身闪过，两掌一齐向下扒按敌方两臂，阻截敌方来擒之险。（图6-29）

2. 动作不停，我方两脚滑步，逼近敌身，两掌顺势上捧，夹击敌方两腮，抖劲前托，致其后倒。（图6-30）

▲ 图6-29

▲ 图6-30

仙人观棋

【实战举例】

1. 敌方左脚上步，右拳冲击我方头部。我方沉身下闪，右掌上扬，架住敌方右臂。（图6-31）

2. 动作不停，我方重心左移，左掌向前切击敌方右肋（约章门穴部位），将其制伏。（图6-32）

❯ 图6-31

❯ 图6-32

摸藤削瓜

【实战举例】

1. 敌方右脚上步，右拳冲击我方胸部。我方向左闪过，两掌上扬拦截，右掌拦其右拳，左掌拦其右肘。（图6-33）

2. 动作不停，我方右手前滑抓住敌方右腕，左掌顺势向前削击敌方脸部（眼、鼻、嘴皆可），敌其难逃。（图6-34）

十四

△ 图6-33

△ 图6-34

十五

玉女穿梭

【实战举例】

1. 敌方左脚上步,右拳冲击我方胸部。我方向左闪过,右掌上挑,向右拦格敌方右臂。(图6-35)

2. 动作不停,我方右臂抬肘,右手顺势抓托敌方右臂,左脚前移,左掌向下反推敌方裆部,猛劲抖震,将其制伏。(图6-36)

⚠ 图6-35

⚠ 图6-36

霸王送客

十六

【实战举例】

1. 敌方左脚上步，伸出两手向我方腰腹搂抱而来。我方向后撤身侧闪，不让敌方抱住。（图6-37）

2. 动作不停，我方左脚前移，右脚左扣，身向左转，两掌向前合力推击敌方两肋，猛劲抖震，伤其肋骨，迫其后退。（图6-38）

▲ 图6-37

▲ 图6-38

走马回头

【实战举例】

1. 敌方右脚上步，右拳冲击我方胸部。我方并不动步，向左旋身，巧妙闪过，使敌方右拳打空，身向前仆。（图6-39）

2. 随即，我方右脚前移，身向右转，两掌齐出，左掌向上推击敌方右腮，右掌向下撩击敌方裆部，致其后倒。（图6-40）

⊗ 图6-39

⊗ 图6-40

刘全进瓜

【实战举例】

1. 敌方右脚上步，右拳下崩我方腹部。我方撤身坐步，左臂下伸，向左拦格敌方右腕。（图6-41）

2. 动作不停，我方右脚向前绕步至敌方右门，右掌向前托击敌方下颌，震其颌骨，致其后倒。（图6-42）

⤊ 图6-41

⤊ 图6-42

十九

捋踩剪掌

【实战举例】

1. 敌方右脚上步，右拳冲击我方胸部。我方撤身坐步，避过敌方拳击，右臂上挑，向右拦格敌方右臂。（图6–43）

2. 随即，我方右掌顺势抓住敌方右手，左掌托抓敌方右腕，两手合力向下拉拽，右脚踢起，脚跟发力，蹬踩敌方右膝。（图6–44）

⊗ 图6–43

⊗ 图6–44

3.动作不停，我方右脚踏落，两掌齐出，向上劈砍敌方脖颈，夹击如剪，将其制伏。（图6-45）

⚫ 图6-45

旋压卡推

【实战举例】

1.敌方右脚上步，右拳冲击我方胸部。我方偏身闪过，两膝内扣，左臂上挑，向左拦格敌方右臂。（图6-46）

2.动作不停，我方左掌贴住敌方右臂向下旋压，左脚上步，身向左转，右掌虎口张开，向上卡住敌方咽喉，用力推送，迫其后退。（图6-47）

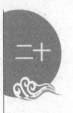

图6-46

图6-47

迎面弹膝

【实战举例】

1. 我方左脚上步，左掌推击敌方胸部。敌方撤步躲过，左手突然反抓我方左腕，欲施擒拿。（图6-48）

2. 我方左掌赶紧向左旋压敌方左腕，左脚稍向前移，右脚向前弹踢敌方左膝。（图6-49）

◈ 图6-48

◈ 图6-49

3. 动作不停，我方右脚顺势落步，左掌再压敌方左臂，右掌紧跟向前猛甩敌方脸部，抖劲突发，将其击溃。（图6-50）

◈ 图6-50

单风贯耳

【实战举例】

1. 敌方进身，左脚低踹我方右膝。我方急忙将右腿屈膝提起，避过敌方腿击。（图6-51）

2. 动作不停，我方左掌向前拍按敌方左臂，右脚向前落步，体略左旋，右掌划弧向前扇击敌方左耳，将其制伏。（图6-52）

❮ 图6-51

❮ 图6-52

反背冲掌

【实战举例】

1. 敌方右脚跨步，右拳崩击我方腹部。我方向右闪身之际，左掌劈击敌方右拳（或右腕），致其来拳走空，上门洞开。（图6-53）

2. 随即，我方身向左转，左掌顺势向上反掌甩出，伤敌嘴部。（图6-54）

图6-53

图6-54

3. 动作不停，我方右掌紧跟，猛劲向前推击敌方胸部，将其击倒。（图6-55）

↑ 图6-55

天王托塔

二十四

【实战举例】

1. 敌方左脚上步，两掌合力以"双风贯耳势"夹击我方头部。我方稍撤步，两拳上提，两臂屈肘，以"虎抱头势"向外拦格敌方两腕。（图6-56）

2. 敌方收回两手，右膝向我方腹部撞来。我方向后收腹，以防不测，两掌合力向下推压敌方右膝，阻其发力。（图6-57）

3. 动作不停，我方左脚稍进，右掌向前上方猛托敌方下颌，将其制伏。（图6-58）

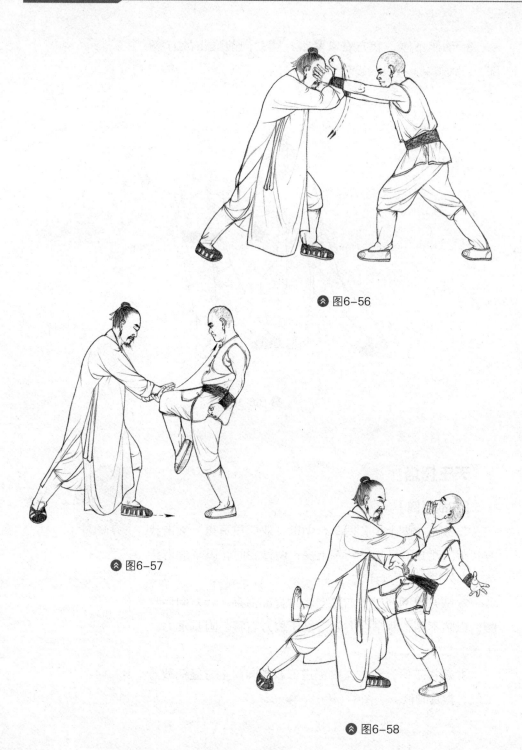

图6-56

图6-57

图6-58

猎鹰扑兔

二十五

【实战举例】

1. 临敌之际，敌方左脚在前，左掌前伸，向我方挑衅。我方见机突然用两手合抓敌方左腕，猛劲向下拖拽，致其步乱身歪，前栽欲倒。（图6-59）

2. 动作不停，我方乘机两手上提，按住敌方后脑猛劲向后下方扒压，右脚向后撤步助力，如鹰扑兔，致其前仆趴地，乖乖受制。（图6-60）

图6-59

图6-60

二十六

日月并行

【实战举例】

1. 敌方右脚上步，右拳崩击我方腹部。我方吞身收腹，避过敌拳。（图6–61）

2. 不待敌变，我方左脚上步，身向前探，两掌一齐向上劈砍敌方脖颈，合力夹击，将其制伏。（图6–62）

⊗ 图6–61

⊗ 图6–62

金蝉脱壳

【实战举例】

1. 敌方右脚上步，右拳冲击我方脸部。我方撤步吞身，右掌上挑，向右拦挡敌方右腕。（图6-63）

2. 随即，我方右手顺势抓住敌方右腕向右后方拽拉，左掌按压敌方右臂助力，左脚上步，右腿提膝，向上撞击敌方右肋。（图6-64）

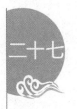

❖ 图6-63

❖ 图6-64

3. 动作不停，我方右脚向前落步，两掌齐出，左掌在上劈砍敌方咽喉，右掌在下劈砍敌方胸部，致其受伤歪倒。（图6-65）

⌃ 图6-65

二十八

依山挤靠

【实战举例】

1. 敌方右脚上步，右拳冲击我方脸部。我方向右闪过，左臂上挑，向左格挡敌方右臂。（图6-66）

2. 动作不停，我方两脚前滑，左腿后绊敌方右腿，两掌齐出，左掌在上劈砍敌方胸部，右掌在下劈砍敌方腹部，将其制伏。（图6-67）

图6-66

图6-67

二十九

擒撞合劈

【实战举例】

1. 我方抢攻，见机右手迅速抓住敌方右臂向右下搂，趁敌方身向前仆之际，我方紧跟右膝猛劲向上顶击其胸部（或腹部）。（图6-68）

2. 动作不停，我方趁敌受创，左掌顺势向下劈砍敌方腰部，左手搂住不放，右膝上顶不落，敌方则被动挨打，很难逃脱。我方左掌可反复劈砍敌方腰部，也可攻击其他要害部位。（图6-69）

△ 图6-68

△ 图6-69

懒龙卧枕

【实战举例】

1. 我方抢攻，见机右手迅速抓住敌方右腕向右后方拉拽，趁敌方身向前仆之际，我方左臂屈肘，兜住敌方右肘用力上翘，左掌按住自己右腕助力，合力折其右肘关节。（图6-70）

2. 一擒即打，我方左肘顺势向左前顶敌方右胸（或右腋），右手紧抓不放，致其难逃。（图6-71）

❯ 图6-70

❯ 图6-71

3. 动作不停，我方左掌突然上翻，掌背发劲，再以甩掌抽击敌方脸部（或咽喉），致其连创。（图6-72）

⊗ 图6-72

进步提撩

【实战举例】

1. 敌方近身来踢，右脚低蹬我方左膝。我方左腿后闪，丁步缩身，左手成勾向左勾挂敌方右小腿。（图6-73）

2. 随即，我方左勾手向左挂开敌方右腿，左脚顺势上步，右手成勾划弧前抖，以右勾手顶撩敌方下颌。（图6-74）

3. 动作不停，我方右勾手坐腕成掌，突发寸劲，掌根推震，击其胸部，致其后跌。（图6-75）

❯ 图6-73

❯ 图6-74

❯ 图6-75

两掌退敌

【实战举例】

1. 敌方右脚上步，右拳冲击我方脸部。我方向右闪过，左掌上提，向左格挡敌方右臂。（图6—76）

2. 动作不停，我方身向左转，左脚外摆，右脚速进，两掌一齐按向敌方胸部（约膻中穴部位），沾身推震，将其击退。如我方跟踪追击，两掌按推不丢，即可致敌远跌，不复能战。（图6—77）

❯ 图6—76

❯ 图6—77

插花掖肋

【实战举例】

1. 敌方右脚上步，右拳冲击我方脸部。我方撤步沉身，右掌上提，拦格敌方右臂。（图6-78）

2. 动作不停，我方右手顺势抓住敌方右拳向上牵带，右脚外摆，左脚上步，左腿后绊敌方右腿，左掌向前掖击敌方右肋（约章门穴部位）。两手势成开弓，猛劲抖震。（图6-79）

图6-78

图6-79

三十四

丹凤归巢

【实战举例】

1. 敌方右脚上步，右拳冲击我方腹部。我方稍撤步，身向右转，左臂屈肘拦挂敌方右腕。（图6-80）

2. 随即，我方右脚左扣，左脚上步，身向左转，右掌向前推撞敌方胸部（约鸠尾骨部位）。（图6-81）

❖ 图6-80

❖ 图6-81

3. 动作不停，我方右掌后收，左掌推击敌方上腹（约水分穴与建里穴部位），猛劲抖震，致其歪倒。（图6-82）

❮ 图6-82

拦踢劈掌

【实战举例】

三十五

1. 敌方右脚上步，右拳冲击我方脸部。我方身稍后仰，左掌向左拦挡敌方右腕，右脚向前蹬踢敌方右膝。（图6-83）

2. 随即，我方右脚向右落步，身向右转，左脚向前踩击敌方右膝。（图6-84）

3. 动作不停，我方左脚前落，右脚左扣，身向左转，右掌向前斜砍敌方左颈，将其制伏。（图6-85）

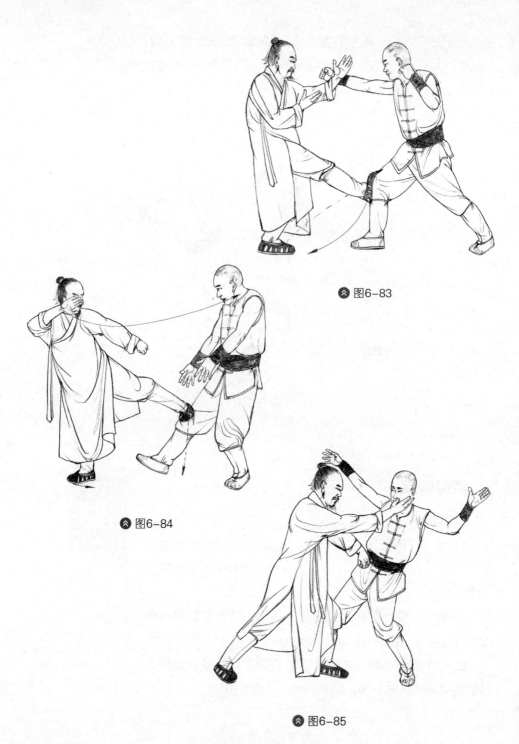

图6-83

图6-84

图6-85

弯弓射虎

三十六

【实战举例】

1. 敌方右脚上步，右掌甩击我方脸部。我方向左闪过，右臂上伸，格挡敌方右臂。（图6-86）

2. 动作不停，我方右手旋抓敌方右腕向后牵带，左脚上步，左腿后绊敌方右腿，左掌向前猛劲推震敌方腹部，致其难逃。（图6-87）

❰ 图6-86

❰ 图6-87

四龙取水

【实战举例】

1. 敌方右脚上步，右拳冲击我方腹部。我方吞身闪过，左臂下伸，向左拦格敌方右腕。（图6-88）

2. 动作不停，我方左脚稍进，右掌向前以虎口卡推敌方咽喉。敌方急忙撤步躲避。（图6-89）

◈ 图6-88

◈ 图6-89

3. 我方两脚上步紧逼，左掌向前猛劲劈击敌方左肩，伤其关节，致其失力。（图6-90）

⊗ 图6-90

二龙戏珠

【实战举例】

三十八

1. 敌方右脚上步，右拳冲击我方胸部。我方稍撤步，左掌上起，向右拦拍敌方右肘，化解敌方拳击。（图6-91）

2. 随即，我方左掌顺势下压敌方右臂，两脚上步，左腿后拦敌方右腿，右掌以食指、中指分按敌方两眼，迫其屈服。（图6-92）

3. 如遇恶徒，我方则以右手食指、中指顺势前插，伤其眼球。此招杀伤过重，可致人失明，万不可轻用！（图6-93）

❯ 图6-91

❯ 图6-92

❯ 图6-93

一掌三用

【实战举例】

1. 敌方左脚上步，左拳上掏我方下颌。我方撤步避过，右掌上起，向左拦劈击敌方左肘。（图6-94）

2. 动作不停，我方两脚乘机上步，右掌压住敌方左臂用力向下震落，顺势转手向上甩击敌方鼻子，致其剧痛失力。此招一掌三用，先劈为防，再压破门，三甩为攻，一气呵成，防不胜防。（图6-95）

≪ 图6-94

≪ 图6-95

221

孤雁出群

【实战举例】

1. 敌方右脚上步，右拳崩击我方胸部。我方撤步沉身，右臂上挑，拦格敌方右腕。（图6-96）

2. 动作不停，我方右肘上撑架起敌方右臂，右手抓扣其右腕左脚上步至敌方外门，左掌向前削击敌方右肋，将其击退。（图6-97）

❱ 图6-96

❱ 图6-97